VENTE

HOTEL DROUOT, SALLE N° 9

Les Vendredi 25 et Samedi 26 Octobre 1907

A DEUX HEURES

Estampes Anciennes

DU XVIIIᵉ SIÈCLE

COMMISSAIRE-PRISEUR

Mᵉ MAURICE DELESTRE

5, rue Saint-Georges

EXPERT

M. LOUIS BIHN

61, rue La Boëtie, 61

Assisté de ses Fils

PAUL et HENRI BIHN

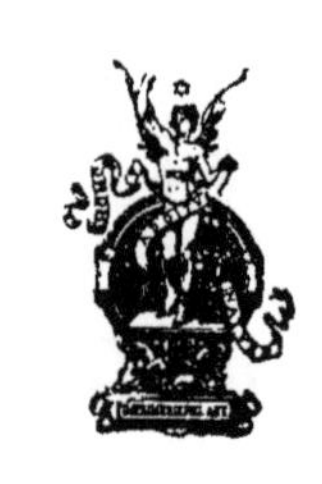

CATALOGUE

DES

Estampes Anciennes

DU XVIIIᵉ SIÈCLE

Pièces relatives à l'Histoire de France

COSTUMES CIVILS ET MILITAIRES

CARICATURES, ETC.

ET DONT LA VENTE AURA LIEU

HOTEL DROUOT, SALLE N° 9

LES VENDREDI 25 ET SAMEDI 26 OCTOBRE 1907

A DEUX HEURES

COMMISSAIRE-PRISEUR

Mᵉ MAURICE DELESTRE, 5, rue Saint-Georges

EXPERT

M. LOUIS BIHN, 61, rue La Boëtie

Assisté de ses fils **PAUL** et **HENRI BIHN**

CONDITIONS DE LA VENTE

Elle sera faite au comptant.

Les adjudicataires paieront *dix pour cent* en sus des enchères.

L'expert remplira, aux conditions d'usage, les commissions que voudraient lui confier les amateurs ne pouvant assister à la vente.

ORDRE DES VACATIONS

Le Vendredi 25 Octobre 1907

Nᵒ 1 à 118 et un grand nombre de gravures non cataloguées.

Le Samedi 26 Octobre 1907

Nᵒ 119 à 238 et un grand nombre de gravures non cataloguées.

Paris. — Imp. de l'Art, Ch. Berger et Cⁱᵉ, 41, rue de la Victoire

DÉSIGNATION

1 — **Albane** (D'après). Les Quatre Éléments, gr. par Simonneau. Quatre pièces faisant suite.

2 — **Alix**. Condillac. — Fénelon. — Mably. Trois pièces imprimées en couleurs.

3 — **Aubry** (D'après). Première Leçon d'amitié fraternelle, gr. par N. de Launay. — La Demande en mariage, gr. par Berwic en 1778, avant toutes lettres. Très belles épreuves. Deux pièces.

4 — **Aubry** (D'après). Les Quatre Saisons, gr. par Bosselman. Quatre pièces imp. en couleurs.

5 — **Aubry** (D'après). L'Abus de la crédulité. — L'Innocence inspire la tendresse. Deux pièces faisant pendants, gr. par De Launay et Voisard.

6 — **E. Aubry** (D'après). La Reconnaissance de Fonrose. — La Bonté maternelle. — L'Amour paternel. Trois pièces gr. par De Launay, Le Vasseur.

7 — **Avril**. Le Patriotisme français. — La Double récompense du mérite. Deux pièces faisant pendants, grand in-fol. Belles épreuves, grandes marges.

8 — **BALLONS** (Pièces relatives aux). Seconds voyageurs aériens ou expérience de MM. Charles et Robert. — Entrée de Louis XVIII à Paris, etc. Quatre pièces.

9 — **BALLONS** (Pièces relatives aux). Nouveau système de direction aérienne. — Bataille de Fleurus. — Madame Kubblers last shilt, etc. Quatorze pièces différentes.

10 — La Minerve, vaisseau aérien destiné aux découvertes, par le professeur Robertson. — Expérience aérostatique faite à Versailles, le 19 sept. 1783, etc. Six pièces différentes.

11 — Siège de la colonne de Pompée. — Tentenda via est qua me quoque possim, etc. Deux pièces, par Gilray, en couleurs.

12 — Sic itur ad astra. — Globe enlevé à la Muette le 21 nov. 1783. — La Folie du jour, etc. Douze pièces, quelques-unes en couleurs-

13 — **Bartolozzi** (F.). Rudiments of drawing, gr. d'après Cipriani. Neuf pièces imp. à la sanguine, toutes marges.

14 — **Beaufort** (D'après). Vénus au bain, gr. par Bonnet. Très jolie pièce imp. en couleurs.

15 — **Benazech** (D'après). Le Retour du laboureur. — La Liberté du braconnier. Deux pièces faisant pendants, grand in-fol., gr. par Ingouf le Jeune.

16 — **Boilly** (D'après). L'Amant favorisé. — La Comparaison des petits pieds. Deux pièces faisant pendants, gr. par Chaponnier, en couleurs.

17 — **Boilly** (D'après). Avant la toilette. Superbe épreuve, marges non ébarbées.

18 — **Boilly** (D'après). Ça ira. — La Douce résistance. Le Réveil prémédité. — On la tire aujourd'hui. — La Comparaison des petits pieds. Cinq curieuses pièces publiées en Angleterre, en 1796, par G.-F. Cook. Très rares.

19 — **Boilly** (D'après). Prends ce biscuit. — Les Con
seils maternels, pièce coupée. — Le Prélude de Nina,
en couleurs. Trois pièces.

20 — **Boilly** (D'après). Poussez ferme. — Ah! Ah! qu'il
est sot, par Petit. Deux pièces.

21 — **Boilly** (D'après). Première et seconde scènes de
voleurs. Deux pièces faisant pendants, gr. par Gror.

22 — **Boilly**. Le Jeu de l'écarté. — Le Cabaret. — La
Main-chaude. Trois lithog. en couleurs.

23 — **A. Borel** (D'après). La Morale inutile, gr. par Voysard. — L'Innocence en danger, gr. par Huot. Deux
pièces.

24 — **Boucher** (D'après). Vénus se préparant pour le
jugement de Pâris, etc., gr. par de Lorraine. —
Vénus et Inée, par Courtois. — L'Amour au bain,
gr. par Dugy, etc. Quatre pièces. Belles épreuves.

25 — **Boucher** (D'après). Cupid begging his quiver of
Venus, man. noire. — Les Nimphes au bain. — Les
Grâces au bain, par Ryland, Ouvrier, etc. Quatre
pièces. Belles.

26 — **Boucher** (D'après). Les Plaisirs de l'été. — Les
Amusements de l'hiver. — La Baigneuse surprise, etc.,
gr. par Daullé et Ryland. Quatre pièces. Très belles
épreuves avec marges.

CARICATURES

27 — **Boucher**. Croquis du jour, etc. Dix-neuf pièces.

28 — **Bourdet, Cham**. Ostende. — Ces Bons Domesti-
ques, etc. Dix-sept pièces.

29 — **Caricatures anglaises** relatives au patinage. Cinq pièces différentes, toutes en couleurs.

30 — **Daumier**. Les Représentants représentés. Vingt-deux pl. et une couverture de publication.

31 — **Daumier**. Visite aux tentes des Turcos.— Croquis de chasse, etc. Treize pièces, quelques-unes en couleurs.

32 — **Garde à vous**, n° 35. — Goût du jour, n° 33. — Suprême bon ton, n° 7, etc. Sept pièces, toutes en couleurs.

33 — **Leprince**. Inconvénients de la diligence. Suite de douze pièces en couleurs. Manque nos 9 et 10.

34 — **Lami, Monnier**. Dix-sept pièces de différentes suites, toutes en couleurs.

35 — **Le Bon Genre**. Dix-sept pièces de la suite, en couleurs, nos 5, 38, 42, 62, 63, 68; 69, 70, 73, 74, 78, 86, 87, 102, 104, 106, 111.

36 — **Le Suprême bon ton**, nos 5, 11, 12, 22, 23, 24, etc. Sept pièces de la suite en couleurs.

37 — **Mayeux**. Vingt pièces par Grandville et autres, relatives à..., en couleurs.

38 — **Monnier**. Dix pl. tirées des meilleures suites de..., toutes en couleurs. Son portrait.

39 — **Musée grotesque**. Nos 5, 6, 9, 10, 22, 24, 28, 42, etc. Neuf pièces en couleurs.

40 — **Philipon** (Ch). Époux parisiens. — Les Annonces. — Amours du bon ton, etc. Douze pièces, toutes en couleurs.

41 — **Pigal**. Scènes populaires. Seize pièces de la suite, toutes en couleurs.

42 — **Pigal**. Scènes de société, douze pièces. — Album comique, trois pièces. — Médailles, une pièce. En tout seize pièces, en couleurs.

43 — **Plattel**. L'Alsacienne à Paris, trois pièces de la suite. — Croquis d'expression, etc. Quatorze pièces, toutes en couleurs.

44 — **Scheffer** (J.). Grisettes, publ. chez Villain. Vingt-trois pièces de la suite, toutes en couleurs.

45 — **Vernier**. Trente pièces différentes, la plupart en couleurs.

46 — Quarante-quatre planches extraites du journal *la Caricature*, quelques-unes en couleurs.

47 — Charges parisiennes, par Cham, Vernier, etc., publ. ch. Aubert. Quatorze pl. cart.

48 — Diverses caricatures, par Granville, Lecomte, Leprince, etc. Douze pièces, toutes en couleurs.

49 — L'Entrée au Musée. — Calicot de retour du combat des Montagnes. — Lady Formité chez M. Crouton, etc. Onze pièces, la plupart en couleurs.

50 — L'Entrée dans le Monde, par Aubry. — Panthéon charivarique, etc. Douze pièces, quelques-unes en couleurs.

51 — Quinze pièces, caricatures diverses, par Feuchère, Forest, Gérard-Fontallar, etc., la plupart en couleurs.

52 — Lot de vingt et une pièces, par Numa et autres, toutes en couleurs.

53 — Dix-huit pièces diverses, par Plattel, Platier, etc.

54 — Seize pièces par divers artistes, toutes en couleurs. Lot fort intéressant.

55 — Quinze différentes pièces, toutes en couleurs.

56 — Onze pièces relatives à la prise d'Alger, toutes en couleurs.

57 — Lot de cinquante pièces, par divers artistes.

58 — Trente planches, caricatures de l'époque de Charles X, Louis-Philippe, etc.

59 — Lot d'une cinquantaine de pièces. (Ce lot sera divisé.)

60 — **Chaponnier**. Pensée d'amour, en couleurs. — Rose d'amour, en noir. Deux pièces faisant pendants, gr. d'après Rousseau.

61 — **C.-N. Cochin le Fils** (D'après). Concours pour le prix de l'Étude des Têtes et de l'Expression. — Frontispice de l'Encyclopédie, etc. Cinq pièces dont deux avant la lettre.

62 — **Costumes**. *La Mesangère*. Costume parisien, an XI, 10 pièces; an XII, 4 pièces; an XIII, 7 pièces; 1806, 9 pièces; 1807, 12 pièces; 1808, 19 pièces; 1809, 19 pièces; 1810, 13 pièces; 1811, 8 pièces; 1812 à 1830, 242 pièces. Soit en tout trois cent quarante-trois pièces.

63 — *Merveilleuses, Incroyables*. Onze planches en couleurs, gr. par Gatine, d'après Vernet.

COSTUMES MILITAIRES

64 — **Ambert** (J.). Esquisse historique des différents corps de l'armée française, 1 vol. in-fol. contenant treize planches dessinées par Charles Aubry, nombreuses pages de texte, couverture d'édition et cartonnage.

65 — Armée des souverains alliés, 1815. Quatre pièces en couleurs.

66 — **Aubry, Mallet**. Costumes militaires différents. Douze pièces par Aubry, Mallet, Noguès, la plupart en couleurs.

67 — **Bastin** (F.). Uniformes français sous Napoléon Ier, la Restauration et Napoléon III. Douze planches en couleurs.

68 — **Bellangé** (Hip.). Uniformes de l'armée française depuis 1815 jusqu'à nos jours. Cinquante-huit pièces de la suite, en couleurs.

69 — **Bellangé, Charlet**. Dix-huit différentes pl. lithographiques représentant des costumes et des scènes.

70 — **Brevets** de contre-pointe et de la Légion d'honneur. — Feuilles de routes, etc. Dix pièces.

71 — **Jenni**. Uniformes de toutes nations. Dix-sept pl. en couleurs.

72 — **Charlet**. Infanterie légère française. — Carabinier (L. 204). — Grenadier à pied. — Artillerie à pied. — Porte-aigle (L. 229, 248, 241). Deux en couleurs.

73 — **Charlet**. Costumes de l'ex-garde. Quatorze pl. en couleurs.

74 — **Eisen, de la Rue** (D'après). Costumes militaires époque Louis XV, gr. par Aveline, Major, etc. Neuf pièces, plusieurs en couleurs.

75 — **Finart**. La Nouvelle mode. — L'Autrichien sentimental. — L'Aimable Prussien, etc. Cinq pièces en couleurs.

76 — **Foussereau**. L'Artillerie française en 1829. Onze pl. sur treize de la suite, toutes en couleurs.

2

77 — **Franceschini et Genach.** Costumes militaires
autrichiens et hongrois. Vingt-neuf pièces, plus une
couverture de publication.

78 — **Lalaisse** (Hip.). L'Armée française et ses canti-
nières. Sept planches de la suite, en couleurs.

79 — **Lalaisse** (Hip.). L'Armée et la Garde impériale
(1853-1866). Vingt-sept planches de la suite, en couleurs.

80 — **Lamy** (E.). Collection des uniformes des armées
françaises de 1789-1814. Quarante-six planches de
la suite, en couleurs.

81 — **Marbot** (De) et **Noirmont.** Costumes militaires
français depuis 1439 jusqu'en 1789. Vingt et une
pièces de la suite, en couleurs.

82 — **Mouten** (D.). Les Armées d'Europe représentées
en groupes caractéristiques. Seize planches en couleurs sur vingt, couverture de publication.

83 — **Titeux.** Historique et uniformes des régiments de
chasseurs. Vingt et une planches de texte et dessins.
— Historique et uniformes de hussards. Quinze
planches, texte et dessins, tout en couleurs, demi-
reliure.

84 — **Titeux.** Uniformes de l'armée française. Trente-
trois planches en couleurs.

85 — **Vernet** (C.). Costumes et Scènes militaires, gr.
par Levachez, etc. Dix-huit pièces différentes.

85 — **Vernier** (Ch.). Costumes de l'armée française depuis Louis XIV jusqu'à ce jour. Suite de dix-neuf
pièces en couleurs, couverture de publication.

87 — Costumes de différentes nations, cinq à sept personnages par feuille, publiés en Allemagne. Trente-six planches.

88 — Lot de quarante-trois pièces : Costumes militaires, par divers artistes, beaucoup en couleurs.

89 — Lot de vingt-deux pièces diverses en couleurs, par Moltzheim, David, etc.

90 — Onze pièces, gr. par Poisson, Aubry, etc..., toutes en couleurs, très curieuses.

91 — Vingt pièces différentes, par Dero Becker, Duplessis-Bertaux, Martinet, etc.

92 — Vingt-sept planches d'époque Louis XIII.

93 — **J. Courtin** (D'après). Vertumne et Pomone. — Le Hanneton. — Un Tendre sentiment, etc., gr. par Aubert, Dupin et Poilly, etc. Trois pièces.

94 — **Courtin** (D'après). L'Amant complaisant — Artémise — Ne vous y trompez pas Lisette, par Aubert Duflos, etc. Trois pièces.

95 — **Coypel** (D'après). L'Alliance de Bacchus et de Vénus. — Vénus sur les eaux. — Satyre audacieux, etc., gr. par Lebas, Desplace. Sept pièces.

96 — **Coypel** (D'après). Education sèche et rebutante ? etc. — Qui pourrait à Philis ne pas rendre les armes. — Chantez, berger, dans ce séjour, etc. Trois pièces, par Desplace, Surugue.

97 — **Coypel** (D'après). Evanouissement d'Esther. — La France rend grâce au Ciel. — Renaud et Armide, gr. par Audran, Joullin. Trois pièces.

98 — **Debucourt**.—La Femme et le Mari.— Les Galants
surannés. Deux pièces faisant pendants, rares.

99 — **Debucourt**. — Le Cosaque galant. — La Marchande d'eau-de-vie. — Promenade anglaise, etc.
Quatre pièces d'après C. Vernet.

100 — **Debucourt**. — Rebelles tuant un prisonnier,
d'après Welster. — Une Ambulance, d'après Bellangé. — La Main chaude. Trois pièces.

101 — **Debucourt**. Militaires anglais. — Le Cosaque
galant. — Mameluck, etc. Sept pièces, toutes en
couleurs.

102 — **Debucourt**. Le Midi — la Nuit, d'après H. Le-
cointe. Deux pièces faisant pendants, imprimées en
couleurs.

103 — **Demarne** (D'après). La Promenade du matin. —
La Promenade du soir. Deux pièces faisant pendants,
imp. en couleurs, gr. par Alix et Morret.

104 — **Divers**. Portraits et sujets de l'Ecole anglaise.
Vingt pièces.

105 — **Drevet** (Pierre-Imb.). Samuel Bernard, fameux
financier, gr. d'après H. Rigaud (F. D. 11).

106 — **Dumesnil** (D'après). Le Traitant. — La Cuisinière. — La Dame de charité. Trois pièces, gr. par
Duflos, Lucas, etc.

107 — **Eisen** (D'après). Les Désirs satisfaits. — La Co-
mète, gravés par Le Bas et Patas, etc. Cinq pièces.

108 — **Ex-libris**. Environ quatre-vingts pièces. Ex-libris
divers.

109 — **Ex-libris**. Un lot semblable au précédent.

110 — **Ex-libris.** Cent cinquante ex-libris, français et étrangers.

111 — **Fragonard** (D'après). L'Heureuse famille, eau-forte. — L'Instant désiré, etc. Quatre pièces.

112 — **Fragonard** (D'après). Illustrations d'ouvrages. Vingt-deux lithographies différentes.

113 — **Fragonard, Borel** (D'après). La Résistance inutile. — Il a cueilli ma rose, gr. par Vidal et Regnault. Deux pièces faisant pendants, ép. avant la dédicace.

114 — **Gavarni.** Planches publiées par l'artiste. Dix-sept pièces.

115 — **Gavarni.** Environ trois cents pièces différentes, publiées d'après Gavarni.

116 — **Gavarni.** Environ quatre-vingts pièces de l'œuvre.

117 — **Gavarni.** Nouveaux travestissements.— Costumes de tous les pays. Vingt-quatre pièces.

118 — **Gavarni.** Les Parisiens, etc., pièces tirées de différentes séries. Vingt-trois pièces.

119 — **Gérard** (D'après Mlle). L'Heure du rendez-vous. — Je m'occupais de vous. Deux pièces, gr. par Gérard et Vidal.

120 — **Gérard. Schall** (D'après). Geneviève de Brabant vouée à la mort. — Geneviève des Bois, comtesse de Brabant. Deux pièces faisant pendants, gr. par Le Grand.

121 — **Greuze** (J.-B.). Le Malheur imprévu. Très belle épreuve. Marges non ébarbées.

122 — **Greuze** (D'après). La Fille grondée. — Le Doux regard de Colette. — Annette. — Lubin, etc. Six pièces différentes.

123 — **Greuze** (D'après). Les Enfants surpris. — La Piété filiale. — Annette, etc. Quatre pièces.

124 — **Greuze** (D'après). L'Accordée de village. — Le Paralitique servi par ses enfants. Deux pièces, gr. par Flipart. Bonnes épreuves signées au dos.

125 — **Greuze** (D'après). La Mère bien aimée. — La Dame bienfaisante. Deux pièces, gr. par Massard. Belles épreuves signées par Greuze et Massard.

126 — **Greuze** (D'après). L'Heureuse union, par Lebas. — La Malédiction paternelle, gr. par Gaillard. — Le Retour sur soi-même, ép. à l'état d'eau-forte. Trois pièces, belles.

127 — **Greuze** (D'après). L'Hermite. — Le Testament déchiré, gr. par Mariage et Levasseur. Deux pièces avant la lettre.

128 — **INCROYABLES** (Pièces relatives aux). Les Marionnettes, Guyard, inv. et sculp. — Réponse incroyable. — Hélas de vous à moi telle est la différence. — Aristide et Brise-Scellé. Quatre pièces.

129 — Arrivée des Remplaçants. — La Revanche donnée aux Sans-Culottes, etc. Six pièces amusantes.

130 — Le Riche du jour ou le Prêteur sur gages. — Ah ! qu'il est donc drôle. — Café politique, etc. Quatre pièces.

131 — Parisian dresses for 1797. Deux pièces faisant pendants, en couleurs. — Beaucoup vous critiquent, mais peu vous imitent. Trois pièces.

132 — **Jeaurat** (D'après). La Sultane favorite. — Le Sultan galant. Deux pièces faisant pendants, gr. par Halbou.

133 — **La Fontaine** (Pièces pour illustrer les Contes de). L'Anneau de Hans Carvel, d'après Laurain, par Aveline. — Le Rossignol, d'après Leclerc, par de Larmessin. — Le Cuvier, d'après Le Mesle, par Filœul. Trois pièces faisant suite.

134 — **Lancret** (D'après). Le Feu, par Audran. — La Terre, par Cochin. Deux pièces à grandes marges. — L'Air, par Tardieu. Trois pièces.

135 — **Le Bas**. Colin-Maillard. — L'Amant aimé. — La Marchande de beignets, etc. Cinq pièces.

136 — **Le Brun** (D'après). La Sultane infidèle. — L'Intrigue découverte. Deux pièces, gr. par Le Beau et Voysard.

137 — **Le Prince** (D'après). Paysages divers, gr. par Saint-Non, Tillard. Quinze pièces.

138 — **Le Prince** (D'après). Le Bonheur du ménage, gr. par De Launay.

139 — **Le Vasseur**. Adieux d'Hector et d'Andromaque. Son pendant, Deux pièces, gr. d'après Le Moyne et Restout, avant la lettre.

140 — **Levilly**. Première leçon d'amour. Imprimé en couleurs.

141 — **Levilly**. L'Enlèvement. Imprimé en couleurs.

142 — **Mallet** (D'après). La Leçon maternelle, par Moithey. En bistre.

143 — **Mallet?** (D'après). Le Jocket. — Le Bouquet. Deux pièces faisant pendants, par Depeuille.

144 — **Martinet** (D'après). Le Premier coup de feu. — Le Second coup de feu. Deux pièces faisant pendants, gr. par Charon.

145 — **Moreau le Jeune** (D'après). Le Pari gagné, gr. par Camligue. Belle épreuve, toutes marges non ébarbées.

146 — **Moreau le Jeune** (D'après). La Course des chevaux, gr. par Guttenberg. Marges non ébarbées.

147 — **Moreau le Jeune** (D'après). Le Vrai bonheur, gr. par Simonnet. Epr. avec privilège.

148 — **Moreau le Jeune** (D'après). L'Accord parfait, gr. par Helman. Sans marges. — Henri IV chez le meunier, gr. par Simonnet. Belle épreuve.

149 — **Natoire** (D'après C.). L'Alliance de la Poésie et de la Musique. — L'Alliance de la Peinture et du Dessin. Deux pièces faisant pendants, gr. par Pelletier.

150 — **Pierre** (D'après). Les Bacchantes, fontaine monumentale, gr. par Wattelet, Pelletier, etc. Trois pièces.

151 — **Raffet.** Le Réveil, 1848 (G. 85). Epreuve sur papier de Chine.

152 — **Raffet.** Pièces insérées dans le journal *la Caricature* (G. 128-136). Neuf pièces dont une en couleurs.

153 — **Raffet.** Neuf pièces provenant des albums lithographiques de 1827 et 1828 (G. 272 à 295).

154 — **Raffet.** Marche d'une division. — La Poursuite. — Vive la République ! etc. Six pièces de l'album, 1832 (G. 361-363).

155 — **Raffet.** Retraite de Constantine, titre et six litho. in-4°, en largeurs (G. 536-541). Epreuves sur papier de Chine, titre sur papier teinté.

156 — **Raffet**. Prise de Constantine, titre et douze litho. in-4°, en largeur (G. 543-556). Epreuves sur papier de Chine, titre sur papier teinté.

157 — **Raffet**. Voyage dans la Russie méridionale et la Crimée. Trente-cinq pièces de la suite.

158 — **Raffet**. Environ soixante-dix-neuf vignettes pour l'Histoire de la Révolution française, Histoire de France de Montgaillard, etc.

159 — **Saint-Aubin**. C'est ici les différents jeux des petits polissons de Paris. — Mes Gens ou les Commissionnaires ultramontains, etc. Treize pièces.

160 — **Saint-Quentin** (D'après). Diane endormie. — Vénus endormie. Deux pièces faisant pendants, gr. par Littret.

161 — **Sanguines**. Mademoiselle La Chanterie de l'Opéra, Demarteau (655-664), etc. Cinq pièces.

162 — **Sanguines**. Etudes de têtes, etc., gr. par Demarteau, Janinet, Roubillac. Quinze pièces.

163 — **Sanguines**. Etudes de têtes, par Bonnet, Demarteau, etc. Onze pièces.

164 — **Sanguines**. Etudes de têtes, gr. par Bonnet, Demarteau, etc. Douze pièces.

165 — **Schall** (D'après). Zéphir et Flore. — Jupiter et Leda. Deux pièces faisant pendants, gr. par Tilliard.

166 — **Schall** (D'après). La Défaite. — La Conviction. Deux pièces faisant pendants, gr. par Marchand.

169 — **Schenau** (D'après). L'Amour distribuant ses dons. — La Brouette par terre, etc. Sept pièces différentes.

170 — **Schenau** (D'après). La Lanterne magique. — La Cuisinière surveillante. — L'Écureuil content. Trois pièces, gr. par Gaillard, Ouvrier et Romanet.

171 — **Schenau** (D'après). Le Maître de guitare. — Le Retour désiré. — La Mère qui intercède. — Les Premiers pas de l'enfance. Quatre pièces faisant suite, gr. par Duflos.

172 — **Sergent**. Suite de la Bataille d'Ivry. — Jacques de Matignon. — Bataille de Saint-Denis. — Anne de Montmorency, etc. Neuf pièces différentes, toutes imp. en couleurs.

173 — **Sicardi** (D'après). Oh che piacere. — Oh che sciagura, gr. par Necou. Deux pièces faisant pendants.

174 — **Silvestre** (Is). Vues de France. Quarante-deux pièces.

175 — **Sports, jeux**. Pedestrian hobbyhorse. — A family party taking an airing, etc. Quatre curieuses pièces relatives aux premiers vélocipèdes.

176 — **Vauthier** (D'après). L'Elégance. — La Parure. — L'Apprêt du bal. Trois pièces faisant suite, gr. par Bertrand et Chaponnier.

177 — **Vue de l'hôtel royal des Invalides.** — Vue du palais de justice, par Janinet, etc. Dix pièces.

178 — **Vues de Paris**, par Janinet Chapuis. Dix pièces différentes.

179 — **Watteau** (D'après A.). La Mariée de village, gr. par C.-N. Cochin, épreuve à l'état d'eau-forte.

180 — **Watteau** (D'après A.). Coquettes qui pour voir galants au rendez-vous, etc., gr. par Thomassin. Très belle épreuve, grandes marges.

181 — **Wille** (D'après P. A.). Les Conseils maternels. — La Mère indulgente. Deux pièces faisant pendants, gr. par L. Lempereur, toutes marges, non ébarbées.

182 — **Wille.** La Ménagère hollandaise, d'après G. Dow. — La Liseuse. — La devideuse, mère de G. Dow. — Le Maréchal des Logis. Quatre pièces.

183 — **Wille.** La Bonne mère de Normandie. — Sœur de la bonne femme de Normandie. — L'Observateur distrait, etc. Neuf pièces différentes.

184 — **Wolff.** Les Pommes de terre. — La Douceur. — L'Amitié. Trois pièces, dont deux faisant pendants.

PIÈCES

RELATIVES A L'HISTOIRE DE FRANCE

85 — **LOUIS XVI** (Pièces relatives à). Marie-Thérèse à cheval, en couleurs. — Marie-Josèphe-Louise de Provence, gr. par Boizot. Cinq pièces différentes.

186 — Portraits et silhouettes, gr. par Martini Decauvillier. Neuf pièces.

187 — Portraits en médaillon, gr. par Vérité, Bovi, etc. Six pièces différentes.

188 — Incroyables ayant aux revers de leurs habits les silhouettes de la famille royale.— Portrait de Marie-Josèphe, etc. Cinq pièces différentes, gr. par Housman, Le Beau, etc.

189 — Bonnet de la Liberté, présenté au Roi par le
peuple français, 20 juin 1792. Jolie pièce ronde. —
Louis XVI par Leclair, d'après Roze, médaillon en
oval. Deux pièces.

190 — Bienfaisance du Roi. — Testament de Louis XVI
avec sa famille. — Louis XVI à cheval. Cinq pièces
différentes.

191 — Marie-Antoinette, petit médaillon gr. par Le-
goux, d'après Camponas, très jolie pièce à toutes
marges. — Ditto, gr. par Duponchelle, en sanguine.
Deux pièces.

192 — Monument à la Gloire de Louis XVI, par Vange-
listy. — Médaillon de Louis XVI sur une pyramide,
gr. par Saint-Aubin. Quatre pièces différentes.

193 — Adieux de Louis XVI à sa famille. — Portraits
de Marie-Antoinette. Onze pièces différentes.

194 — Le Courageux Joseph Chrétien. — Emblèmes, gr.
par Godefroy. — Discours de Louis XVI à la barre
de la Convention Nationale, etc. Sept pièces.

195 — **RÉVOLUTION** (Pièces relatives à la). Exécution
de Louis Capet XVIe du nom, le 21 janvier 1793. Très
curieuse pièce en couleurs, gr. in-fol. Très rare.

196 — La Philosophie et le Patriotisme vainqueurs des
Préjugés. — Exécution de M. le marquis de Favras,
etc. Six pièces.

197 — L'Espoir du Français. — Le Présage de la Félicité.
— Monogrammes. — La Liberté, etc. Sept pièces
différentes.

198 — Environ cinquante pièces tirées de différents ouvrages relatifs à la Révolution.

199 — Deux trompe-l'œil sur les assignats en couleurs. — Assignats de deux mille francs, etc. Douze pièces.

200 — Massacre de la Garde Nationale de Montauban, mai 1790. — Vue générale de la Fédération française. — Le 28 février 1791, etc. Cinq pièces différentes.

201 — L'Assemblée Nationale, gr. par Helman, d'après Monet. — Ouverture des Etats Généraux, gr. par Moreau. — Les Droits de l'homme, etc. Six pièces.

202 — Egalité. — Liberté, par Janinet, d'après Moitte. — Je quitte l'Amour pour voler à la Gloire, en couleurs, etc. Cinq pièces.

203 — Huit pièces différentes, la plupart en couleurs.

204 — Lot d'environ soixante pièces en noir et en couleurs. (Ce lot sera divisé.)

205 — **NAPOLÉON** (Pièces relatives à). *Delaroche* (D'après). Le Général Bonaparte franchissant les Alpes, gr. par François. — *Vernet.* Je désire que mes cendres reposent sur les bords de la Seine, gr. par Jazet. Deux pièces, gr. in-fol.

206 — *Vernet* (D'après C.). Napoléon le Grand, gr. par Simon. — Napoléon conduit à l'immortalité, etc. Trois pièces.

207 — Le Duc de Reichstadt. — Louis Napoléon, etc. Six pièces différentes.

208 — Douze portraits différents de Napoléon III.

209 — Maria Lœtitia, par Deveria. — Joséphine, d'après
Lafitte. — Le Roi de Rome, d'après Duclos, etc.
Cinq pièces.

210 — Marie-Louise, par Cardon, d'après Guérard, etc.
Deux pièces.

211 — Marie-Louise. Six portraits différents.

212 — Huit portraits différents de Napoléon.

213 — *Louvion*. Bonaparte Ier, Consul de la République. — *Vernet*. Napoléon sur son lit de mort, etc.
Quatre pièces différentes.

214 — *Mariage*. Rentrée de Napoléon le Grand le
15 août 1807. — *David*. Napoléon en costume de
sacre, en couleurs. Deux pièces.

215 — Principaux faits de l'époque de Napoléon, gr. par
Lebeau, d'après Nodet. Seize pl. de cette importante
collection.

216 — Bataille d'Heliopolis. — Bataille de la Moskowa.
Deux pièces faisant pendants, gr. d'après Langlois,
par Kœnig.

217 — Lot fort intéressant concernant Napoléon et sa
famille. Dix pièces.

218 — 30 Mars 1814, par Bellangé. — Les Enfants de
Paris, par Bacler, d'Abb, etc. Cinq pièces in-fol.,
très belles.

219 — Principaux faits de l'époque de Napoléon. Vingt-
sept pièces différentes.

220 — La Colonne de la Grande armée. — Passage du
Grand Saint-Bernard. — La Garde meurt, etc. Vingt-
huit pièces différentes.

221 — Bataille de Smolensk. — Bataille de la Bérésina.
— Bataille de Paris, etc. Huit pièces différentes. Lot
fort intéressant.

222 — Dix pièces publiées en France.

223 — Onze pièces différentes de caricatures anglaises,
quelques-unes en couleurs.

224 — Six pièces différentes de caricatures anglaises,
toutes en couleurs.

225 — Neuf pièces différentes de caricatures anglaises,
toutes en couleurs.

226 — Sept pièces différentes de caricatures anglaises,
toutes en couleurs.

227 — Six pièces différentes de caricatures anglaises,
toutes en couleurs.

228 — **Louis XVIII** (Pièces relatives à). Portrait imp.
en couleurs, à mi-corps, gr. par Alix, d'après Pas-
quier. Superbe épreuve, grandes marges.

229 — Quinze portraits différents.

230 — La Famille Royale. — Départ du roi le 20 mars
1815. — Louis XVIII. Manière noire, gr. par Turner.
Cinq pièces.

231 — Lot de quatorze pièces en noir et en couleurs,
concernant Louis XVIII et sa famille.

232 — Seize pièces différentes, la plupart en couleurs.

233 — Neuf pièces différentes, en couleurs.

234 — **CHARLES X** (Pièces relatives à). Douze pièces
différentes.

235 — Douze pièces différentes, gr. par Ingouf et autres.

236 — Portraits de la Famille Royale. Quinze pièces différentes.

237 — Louis-Philippe, etc. — Le duc de Berry devant Béthune. — Entrée de Louis XVIII à Paris, etc. Dix pièces.

238 — **Louis XVIII**. Louis-Philippe et la Reine Amélie. Dix-huit pièces différentes.

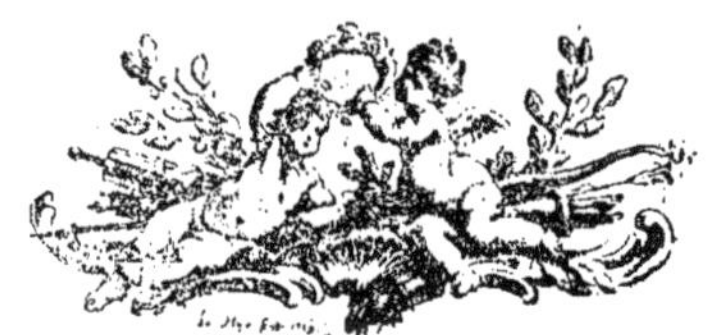